Lb 1947.

ÉDUCATION
DE
L'ENFANT DE L'EUROPE.

QUELQUES MOTS
ADRESSÉS
AUX HOMMES DE BON SENS
ET DE BONNE FOI,

PAR

Augustin-Louis CAUCHY,

Membre de l'Académie des Sciences de Paris, de la Société royale de Londres, etc.

A MONTPELLIER,
CHEZ AUGUSTE SEGUIN, LIBRAIRE.

1833.

Le morceau qu'on va lire est, pour ainsi dire, une déclaration de Doctrines de l'illustre professeur qui a remplacé, auprès de M. le duc de Bordeaux, l'ancien élève de l'école Polytechnique; provisoirement chargé de lui enseigner les Sciences mathématiques. Quoique M. Cauchy fût déjà aussi connu comme chrétien que comme savant, il a cru devoir, en acceptant les hautes fonctions auxquelles la confiance de Charles X l'a appelé, dire les motifs de son acceptation, et comment il comprend les devoirs qu'elle lui impose.

QUELQUES MOTS

ADRESSÉS

AUX HOMMES DE BON SENS
ET DE BONNE FOI.

Ayant dû renoncer aux trois chaires que j'occupais en France pour rester fidèle à mes sermens, j'étais chargé, à l'Université de Turin, du cours de physique sublime que S. M. le Roi de Sardaigne avait daigné me confier. Heureux de me trouver ainsi en dehors de la scène politique et entièrement adonné à la culture des sciences, je venais de mettre au jour deux nouveaux calculs qui me semblaient mériter de fixer l'attention des géomètres; je songeais à publier mes travaux sur la théorie des nombres, et à compléter mes recherches sur la théorie de la lumière, lorsqu'un ordre du Roi de France est venu me tirer de ma paisible retraite, et me donner pour élève l'héritier de St. Louis, de Henri IV et de Louis XIV. Ainsi transporté tout-à-coup, des abstractions du monde idéal dans un poste qui fait peser sur ma tête une grave responsabilité, je me dois à moi-même d'expliquer les motifs de mon acceptation. L'amour des auteurs pour leurs propres ouvrages, l'ardeur avec laquelle ils se passionnent pour les théories qu'ils inventent, sont assez connus pour que l'on conçoive aisément combien il doit m'en coûter d'interrompre les travaux scientifiques que j'avais entrepris. Mais ce dont ma faiblesse aurait pu s'effrayer lorsque mon Roi était sur le trône et dans le palais des Tuileries, je ne saurais le refuser à mon Roi dans l'exil, à l'enfant du miracle portant la double couronne de la gloire et du malheur. Etranger au langage des cours et à l'art de flatter les grands, je n'apporte à mon Roi qu'un cœur fidèle et une vie sans reproches. Des amis m'avaient précédés dans ce pays tout nouveau pour mon inexpérience. Je ne les y retrouve plus. Si je ne consultais que mes propres forces, j'y verrais un nouveau motif pour craindre de me lancer dans une carrière si difficile; mais, je le sais, la grande pensée qui préside à l'éducation du prince est une pensée morale et religieuse, qui, puisant ses inspirations aux sources les plus élevées, est seule propre à former les grands princes et les grands Rois; cette pensée qui, plaçant les souverains de la terre en présence du Dieu de l'Univers, les invite à se rapprocher par leurs vertus de Celui dont la sagesse et la bonté n'ont point de bornes, leur dévoile la vérité toute entière et prépare ainsi la félicité des peuples et la prospérité des empires; cette pensée sublime, mon Roi m'ordonne de la seconder de mes efforts, de concourir même à son accomplissement, et j'ai la conviction intime qu'elle seule peut fixer l'avenir de l'Europe, assurer le repos de la société. J'oserai donc répondre à la voix qui m'appelle, et ne reculerai point devant les obstacles. Je ferai plus; placé par la main de la divine Providence sur le vaisseau battu par les orages, j'adresserai à la jeunesse quelques réflexions qui ne lui déplairont pas, j'en suis sûr; et si l'on me demande d'où vient tant de confiance, comment je puis espérer que ma faible voix ne se perdra pas au milieu des tonnerres qui grondent sur nos têtes, je vais le dire en peu de mots.

Nous sommes arrivés à une époque extraordinaire, où une activité sans cesse renaissante dévore tous les esprits. L'homme a mesuré les cieux, sondé les profondeurs des abîmes; il a consulté les débris des vieux monumens et leur a demandé de lui raconter l'histoire des générations qui dorment ensevelies dans la poussière du tombeau; il a visité les sommets des monts les plus inaccessibles et les plages les plus reculées, les déserts brûlans où règnent les feux du tropique et les arides rochers qu'environnent les glaces du pôle, il s'est élevé dans la région des tempêtes et est descendu jusque dans les entrailles de la terre, afin d'y assister, s'il était possible, à la création même de notre planète ; il a décomposé les élémens et les a fait servir à ses besoins ou à ses caprices ; il a forcé la vapeur et les gaz de guider ses vaisseaux sur les plaines de l'Océan, ou de transporter sa nacelle au milieu des airs ; enfin, après avoir scruté les secrets de la nature, il a porté un œil investigateur sur les bases mêmes de l'ordre moral et de la société, et il a cité au tribunal de sa raison le Dieu qui lui a donné l'être. Quel sera le fruit de tant de courses lointaines, de tant de fatigues, de tant de travaux ? Si je demande à ceux qui les entreprennent quel est le but de leurs pénibles recherches, ils me répondront, sans doute, que c'est la conquête de la vérité. N'est-ce pas, en effet, pour conquérir la vérité que celui-là s'enfonce dans la poudre des bibliothèques, afin de connaître, dans tous leurs détails, les législations des anciens peuples, ou de rectifier quelques dates, ou d'établir quelques faits qu'il puisse ajouter à l'histoire des siècles passés ? N'est-ce pas dans le même dessein qu'un autre traverse les mers, qu'il observe, dans les ruines de Thèbes ou de Palmyre, les mœurs et les usages de l'Egypte ou de la Syrie ? N'est-ce pas encore pour conquérir la vérité que celui-là entreprend les expériences les plus délicates de la physique et de la chimie, et que, le scapel à la main, il consulte un cadavre inanimé sur les moyens de prolonger l'existence de ses semblables ? N'est-ce pas enfin pour conquérir la vérité que cet autre interroge l'algèbre, épuise toutes les ressources de l'analyse, et demande à une formule de lui apprendre les lois qui régissent le cours des astres ou les vibrations insensibles des dernières particules de la matière ? Oui, sans doute, la recherche de la vérité doit être le but unique de toute science ; c'est vers elle que sont dirigés les efforts des vrais savans ; c'est à elle seule qu'ils consacrent leurs veilles. Faut-il s'en étonner ? L'esprit humain, fait pour la posséder, ne peut trouver de repos hors de son empire. L'homme ne saurait se passer de la vérité : il ne peut vivre sans elle ; elle est une des conditions de son existence, comme l'air qu'il respire et le pain qui le nourrit. La vérité est un trésor inestimable, dont l'acquisition n'est suivie d'aucun remords et ne trouble point la paix de l'ame. La contemplation de ses célestes attraits, de sa beauté divine, suffit à nous dédommager des sacrifices que nous faisons pour la découvrir, et le bonheur du ciel même n'est que la possession pleine et entière de l'immortelle Vérité.

Sans doute, les passions peuvent, en obscurcissant l'intelligence de l'homme, l'empêcher de reconnaître la vérité, et c'est ainsi que les mœurs de la régence produisirent dans les derniers siècles cette prétendue philosophie qui, après avoir abaissé l'homme au-dessous de la brute, en vint jusqu'à nier l'existence du seul Etre par qui tout existe, de celui-là seul qui subsiste nécessairement, de celui dont la beauté infinie doit être l'objet de notre intelligence, comme sa bonté infinie doit être l'objet de notre amour. Le caractère propre du dix-huitième siècle et la source des calamités sans nombre dont il a inondé la terre, c'est l'abus des talens et de la science employés à corrompre les cœurs, à pervertir les intelligences, à détruire la notion même du devoir, et à effacer, s'il était possible, jusqu'au souvenir de tout ce qu'il y avait de grand et de sacré parmi les hommes. Le crime de ce siècle, c'est d'avoir voulu soulever toute la nature contre son Auteur, et armer contre Dieu, qui est la vérité même, les sciences dont le but unique devait être la recherche de la vérité. C'est, en effet, par le pompeux étalage d'un faux savoir et d'une vaine philosophie, que l'incrédulité moderne est parvenue à séduire une foule d'esprits superficiels. C'est ainsi qu'elle s'est fait écouter des grands et des puissans du siècle, et que l'irréligion, après avoir envahi les classes élevées de la société, est descendue jusque dans la cabane du pauvre, dont elle a fait le jouet de toutes les misères et l'instrument de tous les crimes. Pour punir les peuples qui avaient prêté l'oreille aux discours des impies, il a suffi que la Providence les abandonnât à la conduite de ces guides présomptueux, de ces prétendus réformateurs du genre humain. Bientôt, la société s'est dissoute, et le monde entier est devenu le théâtre d'un vaste incendie qui n'éclaire plus que des ruines.

Toutefois, l'homme ne saurait se reposer dans le doute : et le règne de l'erreur ne saurait être de longue durée : aussi, voyez quelle inquiétude a saisi tout-à-coup les disciples de la moderne philosophie! N'apercevant autour d'eux qu'un vide immense, n'osant mesurer la profondeur du gouffre où leurs maîtres les ont précipités, ils parlent d'un dogme nouveau, d'une religion nouvelle qu'ils ne sauraient définir. Ils conçoivent tout le néant des doctrines qui les ont séduits; ils commencent à s'appercevoir que des sarcasmes ne sont pas des raisons, qu'il y a quelque différence entre l'homme et la brute, que Dieu, que la Providence, ne sont pas des mots vides de sens. Mais habitués à considérer la Religion chrétienne comme un majestueux édifice, appuyé sur des fondemens ruineux dont les sciences humaines auraient fini par découvrir la fragilité, ou comme un système philosophique qui, après avoir charmé les peuples du moyen âge et hâté les progrès de l'esprit humain, doit disparaître à son tour pour faire place à d'autres systèmes, les philosophes de nos jours sembleraient craindre de trahir la vérité elle-même s'ils revenaient à la foi catholique et aux croyances de tous les siècles. Cependant de nobles sentimens, de grandes pensées se remuent au fond des cœurs. On applaudit à tout ce qui est bon, à tout ce qui est généreux, à tout ce qui est vrai. La Religion, cette ancre de salut des peuples et des Rois, cette fille du Ciel qui sait guérir toutes les blessures, qui a des consolations pour toutes les infortunes, reprend peu-à-peu sur les âmes son doux empire. La conscience publique, rejetant avec dégoût cette foule de productions impies et licencieuses qu'elle désavoue, demande à grands cris le retour de l'ordre, le règne de la décence et des mœurs. La jeunesse, avide de gloire, réclame un étendard quelle puisse suivre avec honneur, des vertus qu'elle puisse vénérer. Enfin, la société toute entière, travaillée par un malaise indéfinissable, par de secrets pressentimens, poussée par un instinct sublime dont le caractère est tout divin, soupire après le Dieu *inconnu* auquel Athènes avait consacré un de ses temples ; et les peuples, fatigués de continuelles secousses qui ont fait trembler sur tous les points le sol de notre vieille Europe, attendent et saluent avec amour l'aurore d'une nouvelle ère de gloire et de bonheur. C'est à préparer cette nouvelle ère, c'est à se rendre digne, dès aujourd'hui, de coopérer plus tard aux grands desseins de la Providence, que sont appelés tous ceux qui portent un cœur généreux, et particulièrement cette jeunesse française dont le courage s'enflamme au seul nom de l'héroïsme et de l'honneur. Ce n'est pas seulement aux royalistes, ni aux catholiques que je m'adresse, ce n'est pas seulement à ceux qui ont refusé de servir un pouvoir nouveau, à ceux qui sont restés fidèles à la religion de leurs pères ; c'est encore à ceux-là mêmes dont l'ame est agitée par des passions qu'ils croyent ne pouvoir maîtriser, à ceux qui, séduits par des théories mensongères, ne parlent que de république et se sont armés contre les Rois, et (ce qui les étonnera peut-être davantage), ce n'est pas des droits de Henri V que je viens ici les entretenir. Dieu et la vérité, telle sera ma devise, et je croirai avoir loyalement rempli les intentions du Roi qui m'appelle, je croirai avoir secondé, autant qu'il est en moi, les vues du digne gouverneur auquel il a été donné de veiller sur l'Enfant de la France et de diriger ses premiers pas dans la carrière de la gloire et de la vertu, si mes paroles réveillent au fond des cœurs de louables désirs, de salutaires espérances ; si elles les disposent à recevoir d'utiles inspirations, si elles font connaître à la jeunesse ce qui peut lui procurer la paix de l'ame ; si elles contribuent à rapprocher la terre du Ciel, si elles raniment dans tous les rangs l'amour de la vérité.

Oui, sans doute, le règne de la vérité doit être l'objet de tous nos vœux, le but vers lequel se dirigent tous nos efforts, tous nos désirs, toutes nos espérances. La vérité est cette arche salutaire qui peut recueillir les débris de la société prête à disparaître dans l'abîme. Elle est le soleil bienfaisant dont la douce lumière répand de toutes parts la vie et la fécondité. C'est elle qui, promenant sur notre globe le divin flambeau de l'Evangile, dissipa les ténèbres du paganisme, détruisit des superstitions infâmes ou cruelles, abolit l'esclavage, et renouvela l'Univers. C'est elle qui, empruntant la voix de zélés missionnaires, a civilisé des nations barbares et ranimé des peuples ensevelis dans les ombres de la mort. C'est elle qui peut encore sauver l'Europe et le monde des fureurs de l'anarchie. Mais pour qu'elle nous procure tous les biens que nous avons droit d'en attendre, il faut la rechercher sincèrement, il faut l'accepter toute entière, il faut nous bien pénétrer de cette pensée, que nous ferons un pas vers le bonheur chaque fois que nous lui sacrifierons nos préjugés ou nos répugnances, que nous nous élèverons toujours en nous abaissant devant elle, que nous ne serons jamais plus libres qu'en nous soumettant à ses arrêts.

« Eh! quoi, me dira le jeune homme qui n'a étudié l'histoire du Christianisme que dans l'*Origine des Cultes* ou dans le livre des *Ruines* : voudriez-vous donc me réduire à croire des mystères absurdes, des faits contredits par les monumens de l'antiquité? Vous n'avez donc pas suivi la marche de l'esprit humain et le progrès des lumières : vous ignorez donc que les sciences modernes ont dissipé, comme de vains fantômes, tous ces vieux préjugés qui avaient obscurci la raison de nos pères? » — Non, je n'ignore pas les vains sophismes, par lesquels des esprits superficiels ont cherché à ébranler les croyances les plus respectables et les mieux fondées. Je me suis enfoncé dans l'étude des sciences humaines, particulièrement de celles qu'on nomme les sciences exactes, et j'ai de plus en plus reconnu la vérité de ces paroles de Bacon, que si *un peu de philosophie nous rend incrédules, beaucoup de philosophie nous ramène à être chrétiens.* J'ai vu que toutes les attaques dirigées contre la révélation ont abouti à en fournir de nouvelles preuves. Je connais l'histoire de ces fameux zodiaques élevés, nous disait-on, dix à douze mille ans avant l'époque où Moïse nous représente le monde sortant des mains du Créateur, et qui, après les savantes recherches des Visconti, des Testa, des Paravey, des Biot, des Champollion, ont été reduits à ne pas compter plus de vingt siècles, tellement qu'on les croit maintenant construits sous les empereurs romains. Je sais ce qu'il faut penser d'autres assertions du même genre, qui devaient fournir des argumens irrésistibles contre les Livres saints et sont entièrement décrédités aujourd'hui dans l'esprit des vrais savans : par exemple que l'homme descend du polype, qu'il a existé sur la terre de toute éternité, que le déluge est une fable, que la création de l'homme et des animaux est un effet du hasard, et que de nos jours encore on le voit sortir de terre dans les îles du grand Océan, que les Américains forment une espèce d'homme bien distincte de la nôtre, etc...; et j'ai acquis la conviction que l'intérêt le plus pressant des sciences, de celles mêmes qui paraissent les plus étrangères à la Religion, est de se rattacher comme des rameaux à l'arbre divin qui seul peut lui donner la vie et la fécondité. Vous ne partagez pas cette conviction, cela se peut; aussi ce que je vous demande aujourd'hui, ce n'est pas de professer une Religion que vous ne connaissez pas encore, ce n'est pas d'adopter aveuglément des dogmes qui, sans être opposés à la raison de l'homme, surpassent son intelligence; c'est au contraire d'étudier ce qu'il importe surtout de connaître, c'est de prêter une attention sérieuse à ce qui touche aux plus grands intérêts de l'humanité. Du reste, cultivez avec ardeur les sciences abstraites et les sciences naturelles, décomposez la matière, dévoilez à nos regards surpris les merveilles de la nature, explorez, s'il se peut, toutes les parties de cet univers ; fouillez ensuite les annales des nations, les histoires des anciens peuples; consultez, sur toute la surface du globe, les vieux monumens des siècles passés; loin d'être alarmé de ces recherches, je les provoquerai sans cesse, je les encouragerai de mes efforts et de mes vœux; je ne craindrai pas que la vérité se trouve en contradiction avec elle-même, ni que les faits, les documens, par vous recueillis, puissent jamais n'être pas d'accord avec nos Livres sacrés. Ce que je vous demande encore, c'est d'apporter dans la recherche de la vérité, cette candeur, cette bonne foi qui nous applanissent la voie pour arriver jusqu'à elle ; c'est enfin, si vous avez eu le malheur d'adorer de vaines idoles, de vous laisser entraîner par les illusions de la jeunesse, de chercher une félicité fugitive dans de frivoles plaisirs, c'est de ne pas trop vous effrayer de la grandeur du but que je vous propose. Commencez par ne pas désespérer de vous même, par ne pas vous calomnier en vous supposant pires que vous n'êtes. Ayez le courage d'honorer la vertu, lors même que vous n'avez pas le courage de la suivre ; soyez disposés à rendre hommage à la vérité, lors même qu'elle ne vous serait pas favorable. Si vous avez laissé corrompre votre cœur, au moins ne laissez pas corrompre votre intelligence. Prêt à périr dans les flots que vos passions soulèvent autour de vous, ne brisez pas la seule planche de salut qui vous reste ; et si le présent doit vous laisser un jour des regrets, au moins préparez-vous des consolations dans l'avenir. Apprenez à vous vaincre : c'est là tout le secret de l'heroïsme. Dans le chemin du vrai bonheur, une victoire amène une autre victoire; et qui sait si, après avoir été le jouet des vents sur une mer agitée par la tempête, si même après avoir bu à longs traits dans la coupe de l'erreur et du mensonge, vous ne deviendrez pas quelque jour un pilote intrépide, un illustre défenseur de la vérité.

J'ai dit ce que peut faire la jeunesse et tout ce qui porte un cœur honnête, pour seconder les grands desseins que la Providence semble avoir sur l'Europe et particulièrement sur la France. Si l'on me demande comment le prince, appelé à fixer les destinées de ce royaume, pourrait coopérer à une si belle œuvre, ma réponse sera facile. Il suffira que lui-même s'efforce de reproduire à tous les yeux l'image de la Sagesse et de la Bonté divines, et qu'il porte profondément gravé dans son cœur l'amour de la vérité. Un tel prince fera le bonheur de son peuple et sera juste envers tous. Car il saura qu'il doit rendre compte de l'exercice de sa puissance, non aux hommes qu'on peut abuser par des promesses mensongères, endormir par de vaines paroles, mais à Dieu qu'on ne trompe jamais. Loin de craindre pour la Religion les investigations des savans et les discussions approfondies, il favorisera toutes les entreprises faites dans l'intérêt de la science : il propagera en tous lieux, non ces fausses lumières qui frappent de mort les intelligences en les plongeant dans l'abîme du doute universel, mais les véritables lumières, celles qui ne diminuent pas, mais augmentent, pour l'homme, le nombre des vérités déjà connues, et le font remonter d'une vérité à une autre jusqu'à la source de la vérité même. Il saura qu'il importe de répandre ces lumières, non seulement dans les derniers rangs, mais encore dans toutes les classes de la société, qu'il importe d'éclairer le riche comme le pauvre, la jeunesse et l'âge mûr, d'éclairer les ignorans, d'éclairer les savans eux-mêmes, qui n'embrassent des systèmes dangereux pour l'ordre social que lorsqu'ils ont le malheur de ne pas connaître la vérité tout entière, ou de rejeter une partie de la vérité déjà connue.

C'est ici peut-être le lieu d'examiner ce qu'on doit entendre par les mots de tolérance et de liberté. Que demandent les partisans d'une liberté indéfinie ? que chacun ait le droit de faire ce que bon lui semble. Mais s'il en est ainsi, chacun voudra faire ce qui lui sera le plus utile, ce qui servira le mieux ses intérêts. Or, loin que les intérêts de tous les hommes se trouvent d'accord, ces intérêts sont constamment en opposition les uns avec les autres. Les biens, les honneurs, les dignités ne peuvent en général devenir le partage d'un individu, d'une famille nouvelle, qu'en cessant d'être le partage d'un autre individu, d'une autre famille. D'ailleurs, prenez y garde, la liberté que Dieu a donnée à l'homme n'est pas un droit, c'est une faculté : la faculté de choisir entre le bien et le mal, entre le juste et l'injuste, entre le vice et la vertu ; ainsi, par exemple, il arrive souvent que l'on est libre, par le fait, de sauver ou d'assassiner son semblable, de le secourir s'il est pauvre, de le dépouiller s'il est riche. On peut donc user ou abuser de la liberté. Mais la raison, d'accord avec la loi divine, nous enseigne clairement que le bon usage de la liberté doit être recompensé, que l'abus doit être puni. Ainsi, l'on ne peut jamais accorder aux hommes, comme un droit, la liberté de faire du mal. Seulement, la prudence conseille de tolérer un mal lorsqu'il est impossible d'y remédier sans en occasionner un plus grand ; mais jamais les lois humaines ne peuvent autoriser le mal comme principe, et une loi qui le ferait, serait nulle de soi.

Parlons maintenant de la tolérance, ou plutôt de la charité chrétienne ; car sous peine de ne plus s'entendre, il est bon de ne pas changer le sens que les mots ont reçu. L'erreur matérielle, et l'erreur morale qui traîne le vice à sa suite, se trouvent directement opposés aux intérêts matériels et moraux de l'homme et de la société. L'erreur est donc l'éternelle ennemie de l'homme. La vérité seule peut lui donner d'utiles conseils, et comme tel homme qui adopte aujourd'hui l'erreur, peut la rejeter demain, il en résulte que l'erreur ne doit pas être confondue avec celui qui a le malheur de s'y attacher. Aussi, la Religion catholique, qui a reçu de Dieu la mission d'enseigner aux hommes toutes les vérités morales, nous oblige-t-elle à détester l'erreur morale et le vice, en même temps qu'elle nous ordonne d'aimer l'infortuné qui s'égare. Il y a plus ; c'est précisément l'amour que nous portons à nos semblables qui nous interdit la pensée de favoriser jamais la propagation de l'erreur. Cette règle est commune aux gouvernemens et aux individus. Assurément, personne ne s'avisera jamais de soutenir que, dans les cours de science, on doive enseigner indifféremment aux élèves les vraies ou les fausses théories, l'oxygène ou le phlogistique, la pesanteur de l'air ou l'horreur de la nature pour le vide, les attractions moléculaires, ou les atômes crochus d'Epicure. Eh! bien, la proposition qu'on rougirait de faire quand il s'agit des sciences abstraites ou de la physique et de la chimie, attendu que par des doctrines erronnées on pourrait compromettre des intérêts matériels, cette proposition deviendra-t-elle licite, lorsqu'il s'agira de la science à laquelle se rattachent nos intérêts les plus élevés, nos immortelles destinées; de la science qui a pour objet les rapports de l'homme avec ses semblables, de la créature avec son Créateur?

Observons encore qu'il arrive souvent qu'un homme adopte la vérité sur un point et l'erreur sur un autre. Alors il peut être utilement employé à propager les vérités qui lui sont connues. Le prince qui saura comprendre les grands intérêts de l'humanité, placera aussi les hommes dans des positions telles, que la société reçoive d'eux le plus grand nombre de vérités possibles.

Grand dans la paix, ce prince ne redoutera point la guerre. Instruit par cette Religion qui nous ordonne de rester fidèle à nos devoirs, même aux périls de notre vie, il s'empressera, s'il le faut dans l'intérêt de la justice, de saisir cette épée que le maître du tonnerre aura déposé entre ses mains. Mais à l'exemple des saints Rois, il ménagera le sang de ses peuples et se rappellera, qu'aux yeux du chrétien, les triomphes même cessent d'être glorieux quand la guerre cesse d'être légitime. Il saura, comme St. Louis, allier la valeur dans les combats avec la modération dans la victoire. Il puisera dans la foi de ses pères cette constance, cette grandeur d'âme, qui caractérisent les vrais héros, cette pureté de mœurs que rehausse encore l'éclat de leur courage, cette douceur, cette bonté que sembleraient exclure leurs vertus guerrières, et qui les portent à voler au secours de la faiblesse ou de l'infortune. Il honorera le vrai courage, le courage que nul obstacle n'intimide, que nul sacrifice n'épouvante lorsque la voix de la conscience a parlé, ce courage qui a signalé tant d'illustres capitaines, tant de preux chevaliers, tant de soldats intrépides, depuis les Maurice et les Jeanne-d'Arc, jusqu'aux Turenne, aux Condé, aux La Rochejaquelein, depuis les soldats de la légion Thébéenne, jusqu'aux paysans de la Vendée. Dans le tumulte des camps et sous la tente des guerriers, il abaissera son front devant le Tout-Puissant, il ne craindra pas de s'avouer hautement adorateur du Dieu des armées; il ne saura point rougir de cette Croix qui a sauvé le monde, qui a préservé l'Europe du joug des Sarrazins, et qui seule aujourd'hui peut y assurer le triomphe de l'ordre sur le désordre, de la justice sur les passions déchaînées. *In hoc Signo vinces.*

En composant cet écrit, je n'ai pas eu la prétention de croire qu'il ne serait l'objet d'aucune censure. Mais j'espère que mes paroles, dictées par l'amour de la vérité, plairont à tous ceux qui l'aiment et la recherchent. Depuis quarante ans, nous nous sommes presque tous égarés dans de vaines théories. Peuples et Rois doivent aujourd'hui se rencontrer sur le même terrain, ou plutôt se réunir sous la même bannière. C'est Dieu, c'est la vérité, dont nous devons embrasser la cause, si nous voulons que l'Europe retrouve enfin le repos et la paix. Suivant l'heureuse expression d'un des plus grands écrivains de notre siècle, « comme un pilote égaré, les peuples ont perdu leur route : ils ne la retrouveront qu'en regardant le Ciel. » Oui, nous ne saurions plus en douter, la cause de Dieu, c'est celle de la société tout entière, et le souffle de la vérité peut seule rappeler à la vie ces nations qu'agite un affreux délire, ces peuples qui descendent au tombeau; la vérité seule peut mettre un terme à nos funestes dissensions; elle seule peut apporter à nos maux des remèdes efficaces; et le premier soin du prince qui viendra cicatriser les plaies de la France, devra être de fonder son pouvoir sur la justice et la vérité. Le premier devoir de ceux qui l'instruisent est donc de lui révéler tout le prix de cette vérité de laquelle il tirera quelque jour sa force et sa gloire; et l'on ne s'étonnera point, qu'appelé à remplir une partie de cette honorable tâche; je croie ne pouvoir mieux servir les intérêts de la patrie, qu'en dévoilant à l'héritier de Louis XIV tout le secret de cette haute philosophie qui a fait briller le grand siècle d'un si vif éclat, qu'en lui apprenant comment l'intelligence humaine doit s'élever, de la contemplation des beautés de la nature, au Dieu dont l'amour veille sans cesse sur cet univers qu'il a créé; remonter, de l'étude de ces lois sublimes qui régissent le cours des astres, jusqu'au Législateur suprême qui a semé les étoiles dans les voûtes du firmament, et pour tout dire en un mot, de la connaissance des vérités scientifiques, au principe éternel de toute vérité,

(Extrait de l'*Invariable*.)

Ouvrages nouveaux qu'on trouve chez A. SEGUIN, libraire.

Les vrais principes opposés aux erreurs du XIXe. siècle, ou notions positives sur les points fondamentaux de la philosophie, de la politique et de la religion, par M. V. de B**, in-8, br. 3 fr.

L'homme connu par la révélation et considéré dans sa nature, dans ses destinées, par M. l'abbé Frere, 2 vol. in-8, br. 10 fr.

OEuvres de M. l'abbé Thorel, pour servir à la restauration de l'ordre social, 6 vol. in-12, br. 14 fr.

Mémoires de Silvio Pellico, ou mes prisons, 2 vol. in-18, br. 2 fr.

Lettre et observations sur la proximité de la fin du monde, in-12, br. 40 cent.

IMPRIMERIE de X. JULLIEN. --- octobre 1833.

www.ingramcontent.com/pod-product-compliance
Lightning Source LLC
Chambersburg PA
CBHW070439080426
42450CB00031B/2733